BEI GRIN MACHT SICH IHR WISSEN BEZAHLT

Bibliografische Information der Deutschen Nationalbibliothek:

Die Deutsche Bibliothek verzeichnet diese Publikation in der Deutschen National-
bibliografie; detaillierte bibliografische Daten sind im Internet über http://dnb.d-
nb.de/ abrufbar.

Impressum:

Copyright © 2017 GRIN Verlag
Druck und Bindung: Books on Demand GmbH, Norderstedt Germany
ISBN: 9783668789081

Dieses Buch bei GRIN:

https://www.grin.com/document/439093

Laura Wittmann

eSport als neuer Trend auf dem Sportmarkt

Eine Markt- und Konsumentenforschung

GRIN Verlag

GRIN - Your knowledge has value

Der GRIN Verlag publiziert seit 1998 wissenschaftliche Arbeiten von Studenten, Hochschullehrern und anderen Akademikern als eBook und gedrucktes Buch. Die Verlagswebsite www.grin.com ist die ideale Plattform zur Veröffentlichung von Hausarbeiten, Abschlussarbeiten, wissenschaftlichen Aufsätzen, Dissertationen und Fachbüchern.

Besuchen Sie uns im Internet:

http://www.grin.com/

http://www.facebook.com/grincom

http://www.twitter.com/grin_com

Deutsche Hochschule für

Prävention und Gesundheitsmanagement

Hermann Neuberger Sportschule 3

66123 Saarbrücken

Einsendeaufgabe

Fachmodul: Forschung und Entwicklung in Sportmärkten

Studiengang: MSÖ

Datum

Präsenzphase   **11.06 – 14.06.2018**

Name, Vorname: Wittkamp, Laura

Studienort: **Saarbrücken**

Semester: **SS 2017**

Inhaltsverzeichnis

1 Trend-, Markt- und Konsumentenforschung am Beispiel eSport

1.1 Datenanalyse

Anhand der folgenden Tabelle wird der Sportmarkt eSport vorgesetllt.

Tabelle 1: Überblick über den eSport (Ballhaus, Weyßer, Wilke, Luchterhand, Prümm, Sagemüller, 2017; ESBD, 2017; ESL Gaming, 2017; Lorber, 2015; Reuter, 2017)

Definition eSport	„Der Begriff eSport (...) bezeichnet das wettbewerbsmäßige Spielen von Computer- oder Videospielen im Einzel- oder Mehrspielermodus. eSport versteht sich entsprechend des klassischen Spielbegriffs und erfordert sowohl Spielkönnen (Hand-Augen-Koordination, Reaktionsschnelligkeit), als auch strategisches und taktisches Verständnis (Spielübersicht, Spielverständnis)."
eSport Games/Disziplinen	
Strategiespiele (Fachterm: MOBA= Multiplayer Online Battle, RTS= Real-Time-Strategy	Hochkomplexe Spiele bei denen entweder einzelne Helden oder eine größere Gruppe gesteuert wird. Ziel der Spielrunde ist es die Basis des Gegners zu zerstören. Die berühmtesten Spiele: - League of Logends (Lol) mehr als 70b Mio. aktive Spieler - Defense of the Ancients 2 (Dota 2)
Ego-Shooter	Spiel bei dem sich ein bewaffneter Kampf geliefert wird, es wird ebenfalls in Kleingruppen von fünf Personen gegeneinander angetreten Die berühmtesten Spiele: - Counterstrike - Call of Duty - Battlefield
Sportsimulationen	Eine Sportart wird digital simuliert und ausgespielt. Berühmteste Spiele: - FIFA: Fußballsimulation
Organisation des eSports	
Weltweit	Im eSport gibt es viele unterschiedliche Turniere und Ligen bei denen die eSport Mannschaften gegeneinander antreten. 2000 wurde die ESL gegründet die auch heute noch große Turniere austrägt, sie zählt 7,4 Mio. Mitglieder uns ist die älteste eSport-Liga der Welt. Die bekannteste internationale Organisationen ist die International e-Sports Federation (IeSF). Sie wurde 2008 gegründet und zählt momentan rund 50 Mitgliedsländer aus fünf Kontinenten. 2009 trug sie die erste inoffizielle Weltmeisterschaft im eSport aus. Zudem sind die Spielhersteller meistens auch Organisatoren von großen Wettkämpfen, da sie als Produzenten die Rechte an ihrem geistigen Eigentum behalten wollen. Wichtige Player sind hierbei Riot Games (LOL) und Valve (Counter Strike und DOTA 2). Eine Sonderrolle im eSport gebührt Südkorea, die eine professionell ge-

	führtes Ligensystem besitzt: Die Korea eSports Association (KeSPA) steht an oberster Stelle, zusammen mit Sponsoren wird eine Vielzahl an Ligen und Turnieren organisiert. Eins der bekanntesten Turniere ist das The International, ein Großtrunier das von Valve organisiert wird. Das Preisgeld belief sich zuletzt auf 18 Milionen Euro.
Deutschland	Der 2017 gegründete eSport-Bund Deutschland e.V (ESBD) schließt eine bislang große Lücke im deutschen eSport Bereich. Sechs Amateur und 14 Profi-Teams haben sich zusammen mit dem Bundesverband Interaktive Unterhaltungssoftware (BIU) und dem Turnier-Veranstalter Electronic Sports League (ESL) zu einem Verein zusammengetan. Die ESL ist die bisher bekannteste Liga, sie organisiert Wettbewerbe im deutschsprachigen Raum wie die ESL Meisterschaften oder internationale Turnierserien wie die ESL One Series. Die BIU vertritt die Interessen der Spielhersteller und setzt sich für die Anerkennung des eSports ein. Ziele des ESBD: - Anerkennung des eSports in Deutschland als Sport beim DOSB - unabhängige, überparteiliche Instanz die alle Interessen im e Sport bündelt - den eSport in Deutschland voran bringen - eigene Ligen schaffen und organisieren - Schiedsrichter und Trainer zertifizieren - Nationale Mannschaften die an internationalen Wettbewerben teilnehmen
Marktdaten	
Weltweit	Zuschauerzahlen bei großen Turnieren: League of Legends World Finals 2016: 43 Mio Zuschauer die durch Streamingdienste das Ereignis mitverfolgten (Vergleich: nur 31 Mio Zuschauer verfolgten ein entscheidendes US-Basketball-Liga Finalspiel. # Zuschauerzahlen weltweit: 2016 waren es 323 Mio Zuschauer weltweit. Bis 2020 soll das Publikum nach Prognosen auf 509 Mio Zuschauer wachsen. 50% davon Fan und 50% Gelegenheitszuschauer.
	Umsatz 2016: 300 Mio. Euro, entspricht einem Plus von 27,1% zum Vorjahr (236 Mio. Euro) Bis 2021 könnte der globale Markt nach Berechnungen auf 790 Mio. Euro wachsen.
	Zuschauer von eSports über StreamingPlattformen 2017: 335 Mio.
Deutschland	Zuschauerzahlen bei großen Turnieren: ESL One 2017:vor Ort bis zu 15.000 und über 30 Mio. Streaming Zuschauer.
	Umsatz 2016: 33 Mio. Euro im Vergleich zu 2015: 26 Mio. Euro
Bekanntheit von eSport	Eine Umfrage von 1001 Konsumenten von PwC (PricewaterhouseCoopers GmbH Wirtschaftsprüfungsgesellschaft) ergab gerundet: - 74% der 14 – 35-jährigen haben schon mal von eSport gehört - 3% bezeichnen sich selber als professionelle Spieler - 21% verfolgen eSports auf Streaminprirtalen - 5% verfolgen eSports im Fernsehen - 34,4% schauen bisher noch kein eSport könnten es sich aber vorstellen
Große Streaming-plattformen	Twitch, Abuzu und Youtube
Aktive Spieler	

Kuroky Takhasomi	Erfolgreichster eSportler der Welt mit seinem Team Liquid, gewann der Berliner 2017 THE International und konnte sich mit seinem Team über ein Preisgeld von über 9 Mio. Euro freuen. Der 24-Jährige ist seid 5 Jahren professioneller eSportler und hat bereits an 200 Turnieren teilgenommen.

1.2 Maßnahmenentwicklung

1. Sponsoring für Kuroky Takhasomi und sein Team

   als erfolgreichster eSport-Spieler ist der iranstämmige Berliner jedem eSport-Kenner ein Begriff.

   Kuroky wird für ein Jahr von der 123 Bank mit einem Betrag von 100.000 gesponsert, dafür hat Kuroky folgendes zu leisten bzw. darf seine Person für folgendes verwendet werden:

   - zwei Werbespots für Fernsehen/Onlinewerbung und die Social Media Kanäle der Bank

   - Ein Post pro Monat auf den Social Media Seiten: Instagram, Facebook und Twitter seines Team's: Team Liquid

   - zwei Gewinnspiele unter allen Kontoneueröffnungen bis 30 Jahre. Zu Gewinnen gibt es jeweils ein handsigniertes Trikot von Kuroky und 2 Karten zum ESL One Series, zudem gibt es noch ein Meet and Greet mit Kuroky

2. Sponsoring eines großen eSport-Turniers in Deutschland

   Die 123 Bank zahlt 500.000 Euro an einen Organisator eines Turniers, dafür hat der Organisator folgendes zu leisten:

   - die 123 Bank ist Namensgeber des Turniers

   - an allen Eingängen sind Roll-Ups der 123 Bank aufgestellt

   - in jeder Spielpause wird die aktuelle Kuroky Werbung gespielt

   - 50% der Banden werden mit dem Logo der 123 Bank bestückt

3. Werbevertrag mit dem Streamingdienst TwitchTV

   Die 123 Bank zahlt 1 Mio. Euro für 3 Monate lang tägliche Werbeanzeigen für die 123 Bank.

1.3 One Pager

---

eSports

ESL One 2017:

vor Ort bis zu 15.000 und über 30 Mio. Streaming Zuschauer.

Weltweit (2016):

- 323 Mio. Zuschauer von eSport

- über 300 Mio. € Umsatz weltweit

Trend geht für die nächsten Jahre stark nach oben.

HOW:

1. den eSport nutzen um sich weit vorne bei den 15 bis 30-jährigen zu plat-zieren.

2. Sponsoring von eSportlern und eSport-Events

3. Werbung durch eSport

WHAT:

1. Sponsoring für Kuroky Takhasomi und sein Team

2. Sponsoring eines großen eSport-Turniers in Deutschland

3. Werbevertrag mit dem Streamingdienst TwitchTV

Abbildung 1: One Pager zum eSport ((Ballhaus, Weyßer, Wilke, Luchterhand, Prümm, Sagemüller, 2017; ESL Gaming, 2017; Lorber, 2015; Reuter, 2017)

2 Vereinsentwicklung und Vermarktung

Im folgenden werden die Chancen und Risiken der Einführung eines eSport Teams für einen Fußballclub der 1. Bundesliga skizziert.

Der Verein strebt einen höheren Bekanntheitsgrad an und möchte sich für die Champions-League qualifizieren.

Chancen:

- Deutschland ist einer der größten eSport Märkte weltweit (Ballhaus, 2017, S. 18)

- eSport wird als Next Generation Phänomen betrachtet und als Verschmelzung von Sport und Hollywood angesehen (Ballhaus, 2017, S. 18)

- Sportwissenschaftler haben nachgewiesen das es bei eSport zu Sportähnlichen Belastungen kommt, so kann der klassische Sport noch viel vom eSport lernen. (Ballhaus, 2017, S. 21) So könnten zum Beispiel die 1. Fußballmannschaft vom eSport Team des Vereins lernen.

- Erschließen einer völlig neuen Zielgruppe (eport Kicker)

- Großes Umsatzwachstum in den letzten Jahren, Großartige Prognose für die kommenden (Jahre Ballhaus, 2017)

Risiken:

- In Deutschland wird eSport nicht als Sport anerkannt, dies bringt viele Probleme, keine Visa für ausländische Spieler (Ballhaus, 2017, S. 20)

- Fans könnten verärgert sein den für nur 16,2% der Befragten einer PwC Studie ist eSport und der klassische Sport gleichwertig

- eSport kostet Geld und die Wettbewerbe in Fifa sind noch nicht so lukrativ wie in anderen Spielen (eSport Kicker)

3 Innovationsmanagement

Nach Vahs & Burmester umfasst das Innovationsmanagement: „alle Aktivitäten des Wertschöpfungsprozesses bis hin zur Markteinführung eines neuen Produkts bzw. einer Dienstleistung einschließlich der unterstützenden Funktionen in den Bereichen Personalmanagement, Organisation, Rechnungswesen und Finanzierung (2005, S. 49+50).

Aufgaben des Innovationsmanagement sind somit:

- Festlegung von Innovationszielen und -strategien,

- Planung, Steuerung und Kontrolle der Prozesse,

- Förderung einer Innovationsstruktur,

- Informationssysteme installieren die eine flexible Prozesssteuerung liefern (Hauschildt, 2004, S.61).

Die Ziele des Innovationsmanagement sind nach Stern & Jaberg folgende:

- Gewinnerzielung,

- Wachstum,

- verbesserte Wettbewerbsposition durch Neuheiten,

- vermarkten von Erfindungen,

- Anpassung an veränderte Kundenwünsche,

- Arbeitsplätze sichern,

- Pflege des Images,

- Das Gemeinwohl und die Förderung des Umweltschutzes (2010, S.9).

3.1 Problemerkenntnis

3.1.1 Ist-Situation

Der FC Colonia Mühlheim e.V. ist ein Traditionsverein der in den letzten Jahren mit einem Mitgliederrückgang zu kämpfen hat und keine ehrenamtlichen Mitarbeiter finden kann. Die gleichen alteingesessenen Teilnehmer nehmen an Veranstaltungen teil, das könnte daran liegen das der Verein keine ansprechende Homepage und keinen Social Media Auftritt besitzt und somit die junge Generation nicht anspricht.

3.1.2 Auswirkungen

Durch die schwindenden Mitgliederzahlen wird der Verein immer kleiner werden und bestimmte Sparten auslagern müssen oder Spielvereinigungen mit anderen Vereinen eingehen. Fußball und Fitness werden weiterhin bestehen, aber Handball und andere Sportarten werden verdrängt werden.

3.1.3 Kundensegmentierung

Tabelle 2: Kundensegmentierung im Verein

Weitere Kriterien zur Einteilung	Jugend (5 bis 18)	Junge Generation (19 – 35)	Mittlere Generation (36 - 50)	Ältere Generation (51 – 99)
Mannschaftssportler (Fußball, Handball)				x
Einzelsportler mit Wettbewerbs (Tennis, Turnen, Tischtennis, Leichtathletik)		x		
Individualsportler (Fitness, Gesundheits- & Rehasport)			X	
Hohe Social Media Affinität		X		
Große Vereinsbindung				X
Langjährige Vereinsmitgliedschaft				X
Ehrenamtlicher Helfer				X
Als Sportler inaktiv				X

1. Segment Junge Generation (19 bis 35) die Einzelsportarten betreiben und eine hohe Social Media Affinität aufweisen.

2. Mittlere Generation (36 bis 50) die Fitness oder Gesundheits- und Rehasport betreiben.

3. Ältere Generation (51 bis 99) die in den Mannschaftssportarten gemeldet, aber inaktiv sind mit einer hohen Vereinsbindung, die schon lange im Verein sind und sich ehrenamtlich betätigen.

3.1.3.1 Jobs to be done bei der Mittleren Generation (36 bis 50)

Bei der Jobs to be done Methode wird sich anstatt auf die klassische Segmentierung nach Alter, Herkunft etc. auf die eigentlich zu lösende Aufgabe (Job) konzentriert.

Es werden dabei die eigentliche Funktion des Produkts/der Dienstleistung, die soziale Seite, als auch die emotionale Seite der Kunden mit einbezogen (Christensen & Moesta, 2016).

Um den Kunden und sein Problem inklusive der Bedürfnisse besser zu verstehen wird sich der Pain-Storming -Technik bedient. Sie besteht aus 5 Stufen (Furr & Dyer, 2014, S.93):

1. Eine Hypothese über einen bestimmten Konsumenten und sein Problem wird entwickelt.

2. Lösungswege werden skizziert.

3. Größter Schmerzpunkt wird ermittelt, zudem wird eine Ursprungsanalyse durchgeführt.

4. ein beliebiger Problemursprung wird ausgewählt.

5. ein Fragenkatalog wird entwickelt um die Kunden anschließend zu befragen.

Das Pain Storming bei der Mittleren Generation die Fitness oder Gesundheits- und Rehasport betreibt.

1. Wir gehören der Mittleren Generation an und sollen Sport machen um unsere Gesundheit zu verbessern, präventiv zu arbeiten und unsere Körper zu formen,

dabei fühlen wir uns vom Verein nicht anerkannt, da wir keinen kompetitiven Sport betreiben. Zudem ist es uns wichtig in einem hippen und angesagten Umfeld zu trainieren

2. Verein muss Individualsportler mehr anerkennen und diese in die Vereinsarbeit mit einbeziehen.

3. Individualsportler fühlen sich vom Verein ausgeschlossen

   Wieso fühlen sich die Individualsportler ausgeschlossen?

   Warum sollten sie sich eingliedern?

   Welche Vorteile haben sie von einer Eingliederung?

   Wie können sie langfristig gebunden werden?

   Wie profitieren sie von den Vereinsveranstaltungen?

4. Die Individualsportler haben wenig Informationen über den Verein und fühlen sich diesem nicht zugehörig.

5. Fragenkatalog an die Individualsportler:

   - Wie können wir euch mehr einbeziehen?

   - Warum fühlt ihr euch ausgeschlossen?

   - Wie kann man euch zur langjährigen Mitgliedschaft bewegen?

   - Wie können wir eine Brücke zwischen den kompetitiven Sportlern und euch herstellen?

   - Wie können wir euch dauerhaft halten?

   - Was erwartet ihr von uns als Verein?

3.1.3.2 Empathie-Karte bei der Jungen Generation (19 bis 35)

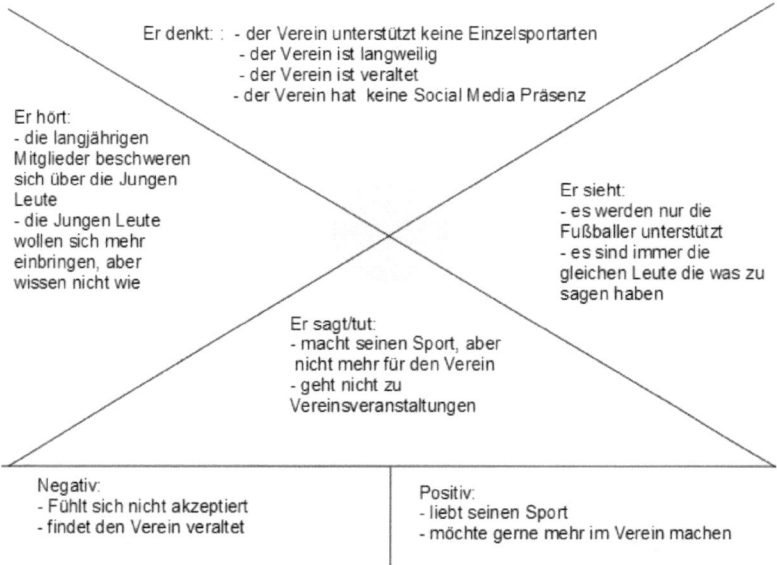

Er denkt: : - der Verein unterstützt keine Einzelsportarten
- der Verein ist langweilig
- der Verein ist veraltet
- der Verein hat keine Social Media Präsenz

Er hört:
- die langjährigen Mitglieder beschweren sich über die Jungen Leute
- die Jungen Leute wollen sich mehr einbringen, aber wissen nicht wie

Er sieht:
- es werden nur die Fußballer unterstützt
- es sind immer die gleichen Leute die was zu sagen haben

Er sagt/tut:
- macht seinen Sport, aber nicht mehr für den Verein
- geht nicht zu Vereinsveranstaltungen

Negativ:
- Fühlt sich nicht akzeptiert
- findet den Verein veraltet

Positiv:
- liebt seinen Sport
- möchte gerne mehr im Verein machen

Abbildung 2: Empathie-Karte der Jungen Generation (19 bis 35) (Osterwalder & Pigneur, 2011, S. 234)

3.1.3.3 Persona zur älteren Generation (51 bis 99)

Diese sind in den Mannschaftssportarten gemeldet, aber inaktiv sind mit einer hohen Vereinsbindung, die schon lange im Verein sind und sich ehrenamtlich betätigen.

Ralf, 54, Lehrer an einer Gesamtschule, wohnt in der Vorstadt mit seiner Familie: seiner Frau Claudia und den Söhnen Bastian (13) und Fabian (20). die ganze Familie ist im Fußball Verein aktiv, Björn selber ist nur noch passiv im Verein, er trainiert zwar eine Jugendmannschaft, aber nicht mehr selber als Fußballer. Er nimmt gerne an Veranstaltungen des Vereins teil und ist bei jedem Spiel als Zuschauer dabei. Er wünscht sich mehr Aktion von den jungen Leuten im Verein und versucht auch seine Söhne immer mehr in den Verein mit einzubinden.

3.2 Ideenfindung – Brainstorming

- Social Media Auftritt erstellen
- Informationssystem um im Verein besser zu kommunizieren
- Fitnessstudio ausbauen und modernisieren
- Merchandise Produkte ausbauen
- Mehr Werbung für den Verein schalten
- Jugendgremium/ Junge Leute Gremium einführen
- ansprechendere Vereinsveranstaltungen
- Homepage ausbauen, ansprechender gestalten
- übergreifende Veranstaltungen
- gemeinsames Training der kompetitiven Sportler und der restlichen Sportler

3.3 Selektion

Um die junge Social Media affine Generation in die Vereinsarbeit mit einzubinden dürfen diese den Social Media Auftritt des Vereins übernehmen. Zudem werden so das Image verbessert, die Bekanntheit gesteigert und die eigenen Mitglieder über Veranstaltungen besser informiert.

3.4 Konkretisierung

Zur Weiterentwicklung des Produkts wird das Hakenmodell herangezogen.

Das Hakenmodell soll beschreiben wie man Produkte entwickelt die zu einer Gewohnheit beim Konsumenten führen und eine positiven Beitrag in seinem Leben leisten und gleichzeitig dem Unternehmen nutzen (Eyal, 2014, S,23).

Dabei braucht der Kunde einen Auslöser inneren oder äußeren, drauf folgt die Handlung, schließlich eine Variable Belohnung und dann die Investition des Konsumenten (Eyal, 2014, S.13).

1. Auslöser: Die Abteilungsleitung beauftragt die Junge Generation mit der Installation von mehreren Social Media Plattformen.

2. Handlung: Erstellung der ersten Social Media Seite bei Facebook.

3. Variable Belohnung: Die Ersteller werden sowohl durch die steigenden Followerzahlen als auch von der Abteilung belohnt. Für jede neue Social Media Seite wird ein neues Event mit dem Team gemacht. Essen, Bowling, Kinobesuch, etc.

4. Handlung: Diese Variable Belohnung bringt das Social Media Team dazu immer wieder Zeit für den Social Media Auftritt des Vereins zu investieren.

3.5 Lean Start-Up Ansatz

Beim Lean Start-Up Ansatz wird ein Prototyp eines Produkts oder einer Diensleistung erstellt und möglichst schnell auf den Markt gebracht. Durch das Feedback der ersten Kunden wird dieser Prototyp weiterentwickelt. Dabei wird der Kunde immer wieder befragt und durch das Feedback wird das Produkt immer wieder verbessert (Startplatz, 2016).

Ein weiteres Tool des Lean Start-Up ist das Design Thinking. Dieses lässt sich in die folgenden fünf Phasen unterteilen: Problemdefinition und Re-Definition, Need Finding und Synthese, Ideengenerierung, Prototyping und Storytelling und letzten Endes das Testen. Wenn das Testen beendet ist geht es wieder mit der Problemdefinition bzw. Re-Definition los (Uebernickel, Brenner, Pukall, Naef & Schindlholzer, 2015, S. 25 ff).

Die Charakteristika verschiedenen Phasen sowie die Umsetzung im Verein werden in der folgenden Tabelle skizziert.

Tabelle 3: Design Thinking (Uebernickel et al. 2015, S. 25 ff)

Phase	Definition	Umsetzung FC Colonia Mühlheim e.V.
Problemdefinition und Re-Definition	Problem wird mittels Fragestellungen neu definiert, denn gute Ideen resultieren aus guten Fragen.	Was müssen wir verändern um die Junge Generation in die Vereinsarbeit mit einzubeziehen?
Need Finding und Synthese	Probleme verstehen, Informationen sammeln, Kreativitätstechniken anwenden.	Siehe Empathie-Karte.
Ideengenerierung	Ideen für Lösungen werden gesucht. Mithilfe von Kreativitätstechniken	Siehe Brainstorming.
Prototyping und Storytelling	Ein Prototyp wird erstellt.	Die erste Social Media Seite des Vereins wird erstellt.
Testen	Der Protoyp wird getestet und dann geht es je nach Feedback wieder von vorne los.	Es wird getestet wie sich die Junge Generation durch die erste Social Media Seite einbringt und ob so weiter gemacht werden kann.

Hypothese 1:

„Je mehr Aufgaben die Junge Generation im Verein bekommt, desto mehr wird sie sich mit dem Verein identifizieren und an Veranstaltungen teilnehmen. „

Nach der Erstellung der ersten Social Media Seiten kann geguckt werden ob das Engagement im Verein und die Teilnahme an Veranstaltungen zunimmt.

Hypothese 2:

„Durch den Social Media Auftritt wird die Bekanntheit und das Image verbessert" .

Die kann der Verein entweder durch Umfragen vor und nach dem Erstellen der Social Media Seiten oder über die Neuanmeldungen überprüfen.

4   Literaturverzeichnis

Ballhaus, W., Weyßer, M., Wilke, N., Luchterhand, J., Prümm, L. & Sagemüller, M. (2017). Digital Trend Outlook. PricewaterhouseCoopers GmbH Wirtschaftsprü fungsgesellschaft. Zugriff am 05.07.2018. Verfügbar unter https://www.pwc.de/de/technologie-medien-und-telekommunikation/digi tal-trend-outlook-2017-esport.pdf

Christensen, C. M. & Moesta, B. (2016). *Know the Job Your Product was Hired for (with Help from Customer Selfies).* https://hbr.org/2016/06/know-the-job-your-product-is-doing-with-help-from-cu stomer-selfies

ESBD. (2017). *Gründung des eSport-Bundes Deutschland (ESBD) als Bundesverband der deutschen eSport-Szene Vereine, Spitzen-Teams, Veranstalter und der BIU als Gründungsmitglieder.* Frankfurt(Main)/ Berlin. Zugriff am 01.07.2018. Ver fügbar unter https://esportbund.de/2018/02/01/gruendung-des-esport-bun des-deutschland/

ESL Gaming (2017). Zugriff am 04.07.2018. Verfügbar unter https://www.eslga ming.com/press/zuschauerrekorde-bei-der-esl-one-cologne-2017-powered-intel-k-ln

Eyal, N. (2014). Hooked. Wie Sie Produkte erschaffen, die süchtig machen (1. Aufl.). München: Redline Verlag.

Furr, N. R. & Dyer, J. (2014). *The innovator's method. Bringing the leacn startup into your organization.* Boston: Harvard Business Review Press.

Hauschildt, J. (2004). *Innovationsmanagement* (Vahlens Handbücher der Wirtschafts- und Sozialwissenschaften, 5., überarbeitete Aufl.). München: Vahlen.

Lorber, M. (2015). *Was ist eSport? Eine Einleitung*. EA Blog für Digitale Spielkultur. Zugriff am 02.07.2018. Verfügbar unter https://spielkultur.ea.de/themen/esport/was-ist-esport-eine-einleitung/

Osterwalder, A. & Pigneur, Y. (2011). *Buisness Model Generation. Ein Handbuch für Visionäre, Spielveränderer und Herausforderer*. Frankfurt am Main: Campus.

Reuter, S. (2017). Dieser Deutsche ist der erfolgreichste eSportler der Welt. *Frankfurter Allgemeine*. Zugriff am 01.07.2018. Verfügbar unter http://www.faz.net/aktuell/sport/mehr-sport/esport-kuroky-ist-erfolgreichs ter-profi-spieler-der-welt-15150436.html

Startplatz (Hrsg.) . (2016). *Lean Startup Methode.* https://www.startplatz.de/startup-wiki/lean-startup-methode/

Stern, T. & Jaberg, H. (2010). *Erfolgreiches Innovationsmanagement. Erfolgsfaktoren – Grundmsuter – Fallbeispiele* (4., überarbeite Aufl.). Wiesbaden: Gabler.

Uebernickel, F., Brenner, W., Pukall, B., Naef, T. & Schindlholzer, B. (2015). *Design Thinking. Das Handbuch*. Frankfurt am Main: Frankfurter Allgemeine Buch

Vahs, D. & Burmester, R. (2005). *Innovationsmanagement. Von der Produktidee zur er folgreichen Vermarktung* (Praxisnahes Wirtschaftsstudium, 3., überarbeitete Aufl.). Stuttgart: Schäffer-Poeschl.

5 Abbildungs- und Tabellenverzeichnis

5.1 Tabellenverzeichnis

5.2 Abbildungsverzeichnis